Découvrez l'histoire par les archives de presse

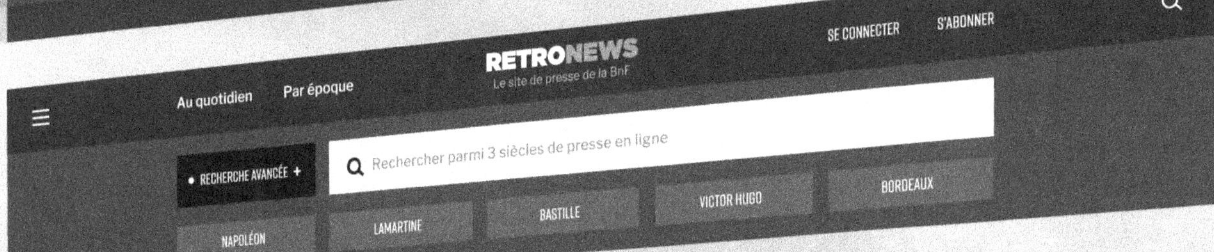

RETRONEWS

Le site de presse de la BnF

www.retronews.fr

Ce bulletin paraît tous les trois mois.

BULLETIN

DU

COMITÉ FLAMAND

DE FRANCE

ANNÉE 1922 — 3me FASCICULE

IMPRIMERIE L. DUYTSCHAEVER
211, Rue des Postes, 211
LILLE

—

M DCCCC XXII

COMITÉ FLAMAND DE FRANCE

*La correspondance doit être adressée à M. le
Chanoine Looten, docteur ès-lettres, président du
Comité Flamand de France, 20, rue Charles de
Muyssaert à Lille, ou aux secrétaires : M. Paul
Verschave, docteur en droit, 22, avenue de Mont
à Camp, Canteleu-Lomme ; M. l'abbé Leman,
docteur ès-lettres, 1, rue François Baes à Lille.*

*La cotisation (10 francs) est payable chez
M. René Giard, trésorier, Lille, 2, rue Royale
(Compte de Chèques Postaux : Paris, 1502).*

Le nombre des exemplaires du Bulletin étant
strictement limité au nombre des sociétaires, ceux de
M.M. les Membres du Comité Flamand de France qui
désireraient des tirés à part à leurs frais, sont tenus
d'en informer M. le Président avant l'impression.

BULLETIN

DU

COMITÉ FLAMAND de FRANCE

Excursion à Courtrai

ET

Séance du 13 Juillet 1922

Le 16 juin 1910, le Comité Flamand s'était rendu à Courtrai et avait visité la ville sous la direction de M. le président et de M.M. les membres du Cercle historique et archéologique. Ceux qui prirent part à cette excursion, en gardèrent un si délicieux souvenir qu'ils n'hésitèrent pas à la recommencer le 13 juillet 1922 sur l'invitation que leur adressa M. le chanoine Looten. Beaucoup de leurs collègues se joignirent à eux. Aussi une centaine de membres du Comité se trouvèrent réunis pour cette nouvelle visite.

Comme en 1910 le Cercle historique et archéologique leur fit les honneurs de la vieille cité courtraisienne. De ceux qui nous reçurent autrefois, plusieurs hélas ! ne s'y trouvaient plus. M. le baron Joseph de Béthune notamment n'était plus là pour nous montrer l'admirable collection des souvenirs d'art et d'histoire qu'il avait constituée, collection aujourd'hui conservée dans les Grandes Halles dont la restauration s'achevait il y a douze ans. Du moins est gardée précieusement la mémoire de celui qui s'intéressa si passionnément au passé de sa région. Son œuvre se continue: dans sa famille même M. le baron de Béthune se survivra, nous en avons l'assurance. M. le major Dobbelaere qui déjà nous guidait en 1910, est là avec ses collègues; sous sa . direction aussi aimable qu'éclairée se recommence l'excursion de 1910. Tour à tour nous voyons l'église St-Michel avec sa délicieuse statue de Notre Dame de Groningue, les Grandes Halles, l'Hôtel de Ville, l'église St-Martin, le Béguinage, l'église Notre-Dame [1]. La promenade archéologique s'achève sur la vision des deux imposantes tours de Broël qui flanquaient un pont jeté sur la Lys au XVe Siècle, pont refait au XVIIIe et détruit par les Allemands lors de la retraite de 1918.

A 14 heures 1/2 se tint la séance traditionnelle à l'Hôtel de Ville dans la salle des Fêtes.

Autour de M. Looten, président, prirent place au bureau, M. le bourgmestre Vercruysse, président d'honneur du Cercle historique et archéologique, M. l'abbé Claerhout, et M. Sevens, président et secrétaire du Cercle, M.M. Verschave, Leman et Giard, secrétaires et trésorier du Comité Flamand.

Dans les termes les plus sympathiques M. le bourgmestre souhaite la bienvenue aux membres du Comité; très délicatement il rappelle comment les liens qui autrefois unissaient le Nord de la France et la Belgique, se sont resserrés davantage encore depuis que les deux pays se sont trouvés unis pour la défense du droit et de la justice.

M. le président remercie M. le bourgmestre en son nom et au nom de ses collègues, des paroles si cordiales qu'il vient de prononcer. Se faisant l'écho des sentiments des membres du Comité Flamand il dit combien ils ont été heureux de revoir Courtrai relativement indemne au sortir de ces longues et pénibles années d'occupation; très sensibles à l'honneur qu'ils ont de siéger à l'Hôtel de Ville, ils en savent le plus grand gré à M. le bourgmestre qui les y a conviés, à M. le secrétaire communal qui a tout disposé pour les recevoir. M. Looten adresse à M. le président du Cercle l'expression de sa gratitude pour la réception si aimable qui a été ménagée à ses collègues. Au Cercle historique et archéologique aussi vivant qu'il

---

(1) On trouvera dans le *Bulletin du Comité Flamand de France*, année 1910, fasci. 2, avec le compte-rendu de l'excursion de 16 juin la description sommaire des principaux monuments de Courtrai.

l'était autrefois, il souhaite une grande prospérité. Certes il a éprouvé de douloureuses pertes par suite de la mort de M. le baron Béthune, de M. Caullet, de nos collègues du Comité Flamand, M. l'abbé Slosse, M. le Dr Lauwers, et M. Looten envoie un hommage ému à la mémoire de ceux qui sont disparus, mais le Cercle a repris une nouvelle vie et M. le président du Comité Flamand salue les survivants : le vaillant et dévoué M. Sevens qui a organisé cette rencontre, M. le major Dobbelaere qui a dirigé l'excursion avec une complaisance qui n'a d'égale que sa compétence. A tous M. Looten dit le plus cordial merci.

M. le président a le douloureux devoir d'informer ses collègues de la perte que vient de faire le Comité par la mort de M. le Dr Monteuuis décédé à Rosendael le 7 juillet; il rappelle l'activité scientifique de notre collègue et envoie à sa famille l'expression des respectueuses condoléances du Comité.

Sont agréées à l'unanimité les candidatures suivantes:

Mme Barrot, Lille, présentée par Mme Robert Decroix;

M. Henri Bazelis, pharmacien, Lille, présenté par M. F. Beaucamp;

M et Mme Joseph Boutry-Laloy, Fives, présentés par M. Giard;

M. Albert Bruneau, Lille, présenté par M.M. Giard et Meyer;

M. Joseph Chauleur, artiste-peintre, Lille, présenté par M. F. Beaucamp;

Mlle Marie Dansette, Lille, présentée par M. et Mme Pierre Duthoit;

M. le baron Jean de Béthune, château de Marcke sur Lys, près Courtrai, présenté par M. Looten;

M. l'abbé Joseph Deconinck, élève diplômé de l'Ecole des Hautes Etudes, professeur à l'Institution du Sacré-Cœur, Tourcoing, présenté par M.M. Looten et Leman;

M. René Huber-Degruson, Lille, présenté par M. Théodore;

M. et Mme Leuridan, Lille, présentés par M.M. Looten et Giard;

Mlle Denise Minet, Lille, présentée par M.M. Duquesnay et Giard;

M. Nivesse, secrétaire de rédaction du Télégramme, Lille, présenté par M. Looten;

Mme Auguste Pouillé, Lambersart, présentée par Mme Robert Decroix;

M. Lucien Ramart, Lille, présenté par M. Beaucamp;

M. Émile Raoust-Leleu, libraire, Lille, présenté par M. Beaucamp;

Mme André Réquillart, Roubaix, présentée par M. Looten;

M., Mme et Mlle Valentin, Lille, présentés par M. Looten;

M. Vanhoutte, Courtrai, présenté par M. Leman.

La parole est donnée à **M.** Claerhout qui nous donne sous le titre très modeste : *La Flandre française. Glanes ethnographiques*, un aperçu des plus intéressants sur la toponymie de la Flandre française. M. Claerhout a bien voulu réserver au Bulletin du Comité cette communication ; on la lira plus loin.

M. Looten clôt la séance par un chapitre de l'histoire de Courtrai au XVIIe Siècle, chapitre où la sévère histoire diplomatique ne dédaigne pas les détails pittoresques, voire plaisants. Nos lecteurs le trouveront in-extenso à la fin de ce Bulletin.

Excursion à Laon du 12 Octobre 1922

Le jeudi 12 Octobre 1922, le Comité Flamand de France entraînait ses membres au delà de ses frontières naturelles vers l'antique cité de Laon. Le légitime souci d'élargir le cercle des connaissances archéologiques, le vif attrait que ne cesse pas d'exercer la vénérable cathédrale qui, du haut de la montagne de Laon, défie les assauts des siècles aussi bien que ceux des hommes, avaient conduit les organisateurs de l'excursion à inviter leurs collègues à ce pélérinage artistique que déjà Villard de Honnecourt avait fait au XIIIe siècle. L'empressement avec lequel il fut répondu à cette invitation, montra combien heureuse avait été leur inspiration.

Les membres de la Société archéologique de Laon se trouvaient à la gare pour attendre les soixante-cinq membres du Comité qui avaient entrepris ce lointain voyage. L'historien de la cathédrale de Laon, M. Broche, archiviste départemental de l'Aisne, avait bien voulu assumer la lourde charge de l'organisation de la journée ; ce fut sous la direction du guide, le plus compétent et le plus disert, que se fit la visite de la ville.

La Bibliothèque municipale marqua la première étape. M. Bertaux, le distingué président honoraire du Tribunal civil, en fit les honneurs aux membres du Comité Flamand. Il attira tout particulièrement leur attention sur les manuscrits aux riches enluminures des époques carolingienne et capétienne, sur les précieuses pièces qui portent les autographes de plusieurs des rois de France. Dans une salle de l'étage est exposée une mosaïque gallo-romaine de dimensions considérables représentant Orphée charmant les bêtes féroces ; elle a été découverte à Blanzy dans le Laonnois en 1858. Si elle n'est pas précisément un chef d'œuvre, elle n'en est pas moins un intéressant témoin de l'art de la mosaïque gallo-romaine dans le Nord de la France.

Sur la route qui mène à l'église Saint-Martin se rencontre l'ancien refuge de l'abbaye bénédictine de Saint-Vincent, asile où venaient s'abriter, au temps des guerres, les moines dont l'abbaye n'était pas comprise dans l'enceinte fortifiée de la ville. En cette construction du XVIme siècle se retrouve l'art délicat de nos architectes et de nos sculpteurs de la Renaissance française. Saint-Martin, église qui a été autrefois celle d'une abbaye de prémontrés, appartient à la période de transition romano-gothique. Un peu antérieure à la cathédrale elle fut d'abord couverte comme la plupart des églises de la région d'une charpente apparente ; à la fin du XIIe siècle seulement elle fut voûtée en croisée d'ogives. La façade du XIVe siècle avec ses larges baies surmontées d'un fronton où s'encadre sculptée dans un quadrilobe l'image du patron de l'Eglise, produit le plus grand effet ; les remarquables statues qui ornent les piédroits du portail de gauche, figurent au Musée de Sculpture comparée du Trocadéro ; c'est dire quelle en est la valeur artistique. Les membres du Comité eurent la satisfaction de retrouver la trace des relations artistiques existant entre le Nord de la France et le Laonnois dans un monument funéraire en pierre bleue de Tournai : ce morceau de sculpture d'un réalisme puissant représente le cadavre d'un abbé mitré rongé par les vers. L'ancienne abbaye des Prémontrés qui était attenante à l'église, est aujourd'hui transformée en Hôtel-Dieu. Des antiques constructions romanes il ne reste plus guère que le souvenir ; elles ont été successivement remplacées au cours des siècles. D'élégantes constructions en style Louis XIII où logeait l'abbé, le vide-bouteilles, pavillon où il offrait des collations à ses invités, rappellent le temps où le cardinal Mazarin était abbé commendataire. Le cloître a été refait au XVIIIe siècle comme en tant d'autres abbayes ; il mène à un escalier monumental qui est une vraie merveille d'équilibre.

Saint-Martin est près de l'enceinte fortifiée de la ville. Au delà des remparts le regard s'étend au loin et, au travers d'une légère brume que percent de gais rayons de soleil, s'aperçoit le Chemin des Dames de si héroïque mémoire. A l'Est se déroulent des plaines immenses sur lesquelles sont parsemés de coquets villages. Une agréable promenade permet de faire le tour de la ville et d'admirer les imposants restes des fortifications médiévales : l'austère porte de Soissons, la Tour Penchée, la porte d'Ardon si pittoresque dans son cadre de verdure. Après avoir longé la Cuve Saint-Vincent, profonde dépression que tapissent d'innombrables jardins et de vastes champs de légumes, nous rentrons dans la ville pour visiter le Musée et la chapelle des Templiers. Cette chapelle bâtie au XII° siècle suivant le plan cher aux moines-soldats du Saint-Sépulcre de Jérusalem, s'est accrue un peu plus tard d'un porche : elle est dans le Nord de la France l'un des plus beaux spécimens de ces édifices romans particuliers à l'ordre des Templiers.

La cathédrale et les monuments qui l'environnent était la dernière étape de notre excursion. A main tesreprises nous avions vu se profiler sur le ciel et ses tours majestueuses, et son puissant chevet ; il était temps l'étudier en détail ce monument qui, dès la fin du douzième siècle, jouissait d'une si grande réputation. M. Broche entreprit sa description et il l'entreprit en archéologue qui sait tout ce qui peut être connu de l'histoire du monument, en artiste qui a senti lui-même et sait faire sentir à ses auditeurs tout ce qu'il y a de beauté sévère et puissante dans cet admirable édifice. Pour que les membres du Comité conservent de ses précieuses explications le meilleur des souvenirs, il a poussé la bonne grâce jusqu'à nous promettre de nous les réunir en un article que nous publierons prochainement. Qu'il en soit chaleureusement remercié.

De la cathédrale notre aimable guide nous mène au Palais des évêques-seigneurs de Laon ; il est aujourd'hui transformé en palais de justice. Du jardin on a une très belle vue du chevet de la cathédrale. La chapelle du palais, chapelle à deux étages du commencement du XIII° siècle, est du plus haut intérêt.

La nuit était tombée sur Laon et ses grandes ombres enveloppaient la cathédrale de leur mystère quand, de nouveau, nous nous trouvâmes devant l'austère façade. Sur un ciel parsemé d'étoiles se détachaient vigoureuses ses hautes tours qui faisaient autrefois dire à Villard de Honnecourt : « En aucun liu onques tel tor ne vi comme est celle de Loon ». Les grandes lignes architecturales seules visibles n'en faisaient qu'une plus forte impression. La journée s'achèva sur cette vision.

De Laon les membres du Comité partirent emportant le meilleur souvenir. Cette journée favorisée d'un temps merveilleux, avait été la meilleure que onques nous vîmes grâce aux excellents guides que nous furent M. Bertaux, M. l'archiprêtre Vincent qui très complaisamment donna accès au Trésor de la cathédrale et tint à en faire lui-même les honneurs, au président du Syndicat d'Initiative de Laon et de la Région, qui n'épargna ni son temps, ni ses peines pour que l'excursion fût réussie de tous points. A M. Broche va tout particulièrement la gratitude du Comité qui s'est fait une joie de l'inscrire parmi ses membres d'honneur.

La Flandre Française

Glanes Ethnographiques

La Flandre française est une région extrêmement intéressante; le dialecte flamand que l'on y parle est remarquable par sa phonétique et son vocabulaire et les grammairiens et les rhéteurs n'ont pas eu l'occasion de le corrompre; chose digne d'intérêt avec le vieux langage si savoureux et si pittoresque se sont conservés certains souvenirs et certaines coutumes que l'on est heureux d'observer et de mentionner.

Citons quelques exemples :

Près d'Hazebrouck se voit un bloc de grès, portant l'empreinte du sabot d'un équidé. C'est *l'Ezelstap*, l'empreinte du pas de l'âne, ayant donné son nom à un cabaret situé à proximité de cette pierre. Dans certaines contrées les enseignes elles-mêmes sont remarquables au point de vue de la langue et de l'ethnographie.

Il faut lire l'intéressant article de M. Gezelle dans lequel il raconte comment il fit la rencontre d'une vieille femme et admirer la finesse avec laquelle il a noté toutes les nuances du langage de cette vieille et tous les détails de la légende qui a trait à cette empreinte[1].

Nous ne savons plus dans quelle revue slave nous avons lu l'explication de cette rareté ethnographique. Autrefois on faisait à cheval les mensurations nécessaires pour fixer les limites des paroisses, des fiefs et des terres; pour laisser un souvenir de ces mensurations on taillait dans une borne l'empreinte du sabot d'un cheval.

En 1886 nous avons fait avec M. Gezelle, une excursion dans la Flandre française. Nous avons assisté à une réunion du Comité flamand de France, à Dunkerque, chez le président, M. Bonvarlet et nous avons

---

[1] *Biekorf*, Bruges 1898, p. 198 et 214.

observé à Zeggerscappel une chose que nous n'avons vue ailleurs. Au cimetière, au-dessus de chaque tombe, sur quatre pieds, reposait un cercueil en bois, identique à ceux dont on se sert pour les inhumations, sur la face, contre laquelle sont censé se trouver les pieds du défunt, on pouvait lire l'inscription funéraire.

Ces curieux monuments funéraires, affectant la forme de la dernière demeure du défunt, semblent perpétuer une ancienne tradition des Gaulois; on a exhumé à Baden-Baden une pierre tombale gauloise qui présente la forme d'une maison avec un toit [1].

A Zeggerscappel nous étions en visite, chez M. l'abbé Denys, membre du Comité flamand de France. Le digne prêtre avait pris sa retraite dans la maison où il était né. Au dessus de la porte d'un des bâtiments de la ferme, on pouvait voir un vieux linteau portant une inscription que personne ne pouvait déchiffrer. Si cette inscription existe encore, on ferait bien d'en prendre copie et de voir si elle n'est pas gravée en caractères runiques anglo-saxons: en ce cas, il serait facile de la déchiffrer. Il y a 36 ans, nous avions peut-être entendu parler de runes, mais nous n'avions jamais vu d'alphabets runiques.

Quand nous montions vers la charmante ville de Cassel et que les passants nous adressaient un accueillant bonjour, le grand poète et l'érudit philologue tremblait d'émotion.

Pourquoi ?

Dans ce simple bonjour, *goen dei*. il venait de surprendre sur leurs lèvres un mot très pur du vieux parler des ancêtres frisons qui doivent avoir colonisé la plaine maritime jusqu'à Calais.

*
* *

Interroger le sol et la superposition des diverses assises vous fera connaître exactement l'histoire de la formation de la croûte terrestre.

Interroger la toponymie d'une région et elle vous révèlera les différents niveaux de la population que les migrations successives ont pour ainsi dire superposés dans un territoire déterminé.

Commençons par les Gaulois.

On fixe la date des premières migrations celtiques vers l'an 900 avant J. C., au début de la période de Hallstatt.

---

(1) Ern. Wagner. *Fundstatten und Funde im Grossherzogtum Baden*. T. II. Tuebingen 1911, p. 32.

Nous croyons que dès les temps néolithiques deux courants de migrations ont mélangé leurs essaims sur les bords de la Mer du Nord.

L'Atlantique nous a amené des tribus méditerranéennes: beaucoup d'auteurs présument que les Ligures ont pénétré jusque dans nos régions.

Par un second courant que nous croyons antérieur au IXe siècle avant J. C., le rameau des Indo-Européens s'est infiltré dans nos régions et a fini par couvrir et par absorber les tribus méditerranéennes.

C'est ainsi que l'Yser devient célèbre pour ainsi dire dès les temps préhistoriques.

Cette petite rivière porte le nom d'*Isara*.

Est-ce un nom méditerranéen ? Beaucoup d'auteurs le présument et le signalent comme un nom ligure. [1]

Cependant en fait de ligure nous ne connaissons avec certitude que les suffixes *asco, osco, usco*, qui ne peuvent nous fournir l'explication du nom *Isara*.

L'étymologie des noms géographiques très anciens aura fait un grand pas quand nous connaîtrons les langues méditerranéennes parlées dans ce monde merveilleux que les dernières découvertes archéologiques viennent de nous révéler.

Le nom de l'Yser est-il un nom indo-européen, est-il un nom gaulois ?

Il est certain que les Gaulois ont occupé toutes les régions dans lesquelles nous rencontrons ce vocable géographique.

Du gaulois nous connaissons quelques mots cités par les auteurs grecs et latins et quelques noms propres. Nous ne possédons pas de documents écrits, ni de textes suivis.

Essayons néammoins de déterminer le sens du mot par les éléments linguistiques très réduits que nous fournit le gaulois.

Nous croyons que comme certains mots et certains noms le vocable *Isara* contient un redoublement : deux parties qui, pour renforcer le sens, expriment deux fois la même chose.

Nous séparons le mot *Isara* en deux parties, le thème *is* et le thème *ara*, à l'encontre d'autres auteurs qui lui attribuent une origine ligure et qui le séparent en deux autres parties, le radical *isa* et le suffixe *ra* [2].

---

(1) A. Holder *Alt-celtischer Sprachschatz*. T. II. Leipzig 1904, p. 72

(2) A. Holder. *Op. citat.* ibidem.

Nous rencontrons d'abord le thème *is*.

Près de la Flandre française, à Rousbrugge, habite le curé A. Dassonville, qui est un philologue très averti et qui s'est fait une spécialité de l'onomastique. Bien qu'il fasse peu de bruit, comme c'est souvent le cas en notre Flandre, il devrait jouir d'une grande autorité dans cette branche si difficile de la linguistique qui est d'une extrême importance en ethnographie.

Dès 1895 il attirait l'attention sur un thème *is* signifiant eau et il le notait précisément comme faisant partie du vocable *Isara*. Il attribuait à ce thème une origine celtique [1].

Dans le second volume de son grand trésor des langues celtiques paru en 1904, M. Holder signale le même thème, comme formant avec le suffixe *a*, le mot *Isa*, le nom d'un affluent de l'Hérault [2].

Nous relevons aussi dans le vocable *Isara*, le thème *ara*, qui signifie également eau. M. Kurth le dit expressément d'après un auteur allemand [3].

Ce thème se voit dans un grand nombre de noms de cours d'eau. Ce n'est pas un simple suffixe, mais un substantif, précédé quelquefois d'un qualificatif, ce qui prouve qu'il s'agit bien d'un substantif. Un petit cours d'eau du Limbourg, le Geer, s'appelait *Jacara* en 805. Or le premier élément de ce nom est le qualificatif *iakkos* [4], sain, qui est représenté dans plusieurs dialectes celtiques et que nous pouvons regarder comme un mot gaulois perdu et conservé seulement dans ce nom de cours d'eau. Se trouvant ici devant le thème *ara*, il prouve que le mot *ara* a son existence propre avec la signification eau qu'on lui attribue avec raison.

Il y a peut-être encore un moyen de prouver que le radical *ar* signifie eau.

M. Colinet, professeur de philologie à l'Université de Louvain, a signalé autrefois un phénonème linguistique très curieux [1].

Un radical, commençant par une voyelle, comme par exemple le radical *ar*, pouvait, tout en conservant sa signification, donner naissance à une nouvelle famille

---

(1) A. Dassonville. *Friesch, Saksisch of Frankisch.* Dans **Biekorf**, Bruges 1895. P. XXVII.
(2) A. Holder. *Op. citat.* P. 72.
(3) G. Kurth. *La Frontière linguistique en Belgique et dans le Nord de la France.* T. I. Bruxelles. 1896. P. 138-439.
(4) A. Holder. *Op. citat.* p. 4

de mots du même sens, quand on plaçait devant lui la consonne *s* et la consonne *v*.

L'exemple suivant fournit un exemple de plus à l'appui de cette thèse.

Ar signifie eau. Quand on place devant ce radical la consonne *s*, nous obtenons un nouveau radical avec la même signification que nous rencontrons dans les noms de la Sarre, de la Sarthe et du ruisseau *Sarra* qui est l'antique nom du village de Zarren.

Quand on place devant ce même radical la consonne *v*, nous avons un troisième radical signifiant eau, que nous rencontrons dans le nom du Var, dans le mot sanscrit *vâr* qui signifie eau, dans notre thème flamand *wara* [1], eau, dans le nom de famille *Warebeke*, qui est l'équivalent du nom écossais *Waterbeck*.

On peut douter de notre interprétation, mais ce qui est certain, c'est que le nom de l'Yser est très ancien et apparaît comme un legs des temps préhistoriques.

Cette considération doit amener nos collègues à diriger leurs investigations dans ce sens.

La carte du Nord semble encore présenter un blanc dans la carte préhistorique de M. Déchelette.

Que nos collègues du Comité Flamand de France se mettent à l'œuvre et ce blanc disparaîtra, comme il a disparu de la carte de la Westflandre.

* * *

L'époque gallo-romaine est représentée dans la Flandre française par quelques noms de lieux qui nous montre le nom d'un propriétaire gallo-romain, suivi de la terminaison *acum* qui est encore gauloise et qui marque le domaine exploité par ce propriétaire gallo-romain. Le vieux *Clariacum* est devenu notre nom de village *Clercken* identique au nom de *Clerques* dans la Flandre française. Helchin que le peuple prononce encore *Alquin* est la forme actuelle du nom gallo-romain *Alciacum* perpétué dans la Flandre française, sous la forme d'*Auchy* [2] dans le nom du village Auchy-lez-Hesdin, situé dans le Pas-de-Calais.

Les migrations germaniques qui marquèrent la chute de l'empire romain, ont amené sur le territoire de la Flandre française des tribus franques, frisonnes et saxonnes.

---

(1) Ph. Colinet. *Essai sur la formation de quelques groupes de racines indo-européennes*. Gand et Leipzig. 1892.

(2) A. Dassonville *Nomica geographica flandra-gallica. Alciacum. Auchy-les-Hesdin*. Dans **Biekorf**. T. V. Bruges 1895. P. XII.

Divers noms nous ont transmis le souvenir des lignages francs qui se sont transplantés dans cette région et qui ont obtenu un lot dans le partage des terres conquises.

Citons un seul exemple. Bollezeele s'appelait en 1221 *Bollingsela* [1]. Ce nom est une forme contractée du terme *Bollingensela*. *Sela*, c'est la *sala*, l'habitation franque devenue le symbole de l'habitat vrai situé dans la marche, occupée par le lignage. Les *Bollingen* sont les descendants du chef franc *Bollo*, qui constituaient ce lignage et qui cultivaient en commun les champ de cette marche.

D'autres noms nous rappellent des habitats saxons. Le nom du village de *Staple* est l'équivalent de notre nom westflamand *Stavele*, qui avait autrefois la forme de *Staple*.

Stapel c'est le nom du perron de justice dans les régions saxonnes [2]. Le mot *stapel*, dans l'ancienne langue signifie colonne, par exemple la colonne sur laquelle repose une enclume, mais ce n'est que chez les Saxons que ce mot a le sens dérivé de colonne de justice que nous relevons dans la toponymie saxonne de ce coin occidental de la Flandre, situé en Belgique et en France.

Des noms de villages bien intéressants sont ceux qui se terminent par le mot *kerke*, église. Il se compose le plus souvent de deux éléments. Le premier élément nous présente au génitif le nom d'un colon frison converti au christianisme. qui a fait don d'une terre de son domaine pour y bâtir une église. Le second élément exprime cette église. On est toujours certain de trouver le nom de ce donateur frison dans le répertoire des noms frisons, publié par l'ethnographe frison bien connu, M. Jean Winkler, qui était un grand ami des Flamands.

Le nom de *Haveskerke* est un document ethnographique de l'espèce de ceux que nous venons de signaler. Il signifie l'église du propriétaire frison. *Have*, *Hauwe*, *Havo*, dont le nom est relaté dans la précieuse nomenclature de M. J. Winkler [3].

---

(1) A. Dassonville. *Nom. géogr. flandro-gall.* Dans **Biekorf** T. V. Bruges 1895. P. XIV

(2) H. Jellinghaus. *Die westfaelischen Ortsnamen.* Zweite Ausgabe. Kiel et Leipzig 1902. P. 123.

(3) Johan Winkler. *Lijst van Friesche Eigennamen.* Leeuwarden. sans date. P. 149.

Nous considérons la partie de la plaine maritime francaise où l'on parle encore le flamand comme le joyau de toutes les Flandres. Les habitations rurales qui portent encore le cachet de leur origine frisonne, y sont admirables. Leur distribution dans le paysage forme l'ensemble le plus harmonieux et présente le même aspect que la Frise.

Une observation, beaucoup trop rapide nous a fait découvrir quelques corps de logis de grandes fermes en forme de T, comme on en trouve en Frise et une grange frisonne très vétuste à proximité de Bergues.

Nous ne pouvons assez engager nos amis du Comité Flamand de France à étudier les types des habitations rurales de la Flandre française et surtout ceux de la plaine maritime. Une enquête de cette nature serait encouragée par la Société de Géographie et la Société d'Anthropologie de Paris. C'est une œuvre admirable de régionalisme, non de régionalisme mesquin et séparatiste, mais de régionalisme éclairé et hautement patriotique.

J. CLAERHOUT.

P. S. — Depuis la visite si cordiale de nos chers collègues du Comité Flamand de France à Courtrai, j'ai fait une petite découverte au sujet des Frisons qui ont peuplé la plaine maritime de la Flandre Française. Je ne puis résister au plaisir de la leur communiquer.

Il s'agit d'un document de 807 qui se trouve dans le cartulaire de St Bertin édité par M. Guérard. Il est relatif à une propriété, située dans le *pagus* de Boulogne, à un endroit nommé Totingetun, *super fluvium Vuasconingawala*.

Je soupçonne bien que ce cours d'eau emprunte son nom à un lieu, car ce vocable est incontestablement le nom d'une propriété frisonne.

Les éléments qui composent le terme *Vuasconinga-wala* sont trop manifestes. Nous n'avons aucune peine à déchiffrer ce vieux mot ; c'est trop clair et **trop** facile.

On compose souvent un prénom avec deux autres prénoms ; ce phénomène linguistique se constate souvent dans l'onomastique germanique.

A voir le mot *Wascon*, nous étions sûr qu'il était composé des deux prénoms frisons *Wasse* et *Cone* et nous les avons effectivement trouvé fidèles au rendezvous dans l'incomparable répertoire des noms frisons de M. Winkler, de son vivant le grand ami frison de M. Gezelle et aussi un peu le nôtre.

De *Wascone* dérive le nominatif pluriel frison : *Wasconinga*, admirablement conservé dans ce document de 807. Cela signifie les descendants d'un colon frison, appelé *Wascone*.

C'est en réalité le génitif que nous rencontrons dans notre vocable toponymique frison, mais il est identique au nominatif.

La signification de *Wasconingawala* est la suivante: le tertre des descendants du colon frison *Wascone*.

Wal est un vieux mot frison qui désigne le tertre artificiel sur lequel on s'établit et qu'on élève pour se prémunir contre les idondations.

On dirait que les Frisons ont voulu apposer leurs signatures dans le Boulonnais : c'est un fait universellement connu que les Frisons construisaient leurs habitations sur des collines artificielles appelées *terpen*.

Ces monticules portent aussi le nom de *stelle* dans la plaine maritime belge.

Dans la Flandre occidentale nous avons découvert dans des colonies frisonnes encore un synonyme de *terp* ; c'est le mot *werf*. Nous venons de découvrir un troisième synonyme dans la plaine maritime française : c'est le terme *wal*.

Les Conférences de Courtrai

I

En vertu du traité d'Aix-la-Chapelle (1ᵉʳ mai 1668) Courtrai appartient à la France : c'est une sorte de poste avancé dont Louis XIV s'assure en vue des conquêtes ultérieures qu'il projette. Toutefois lors de la paix de Nimègue, qui fut suivie d'un nouveau traité entre Louis XIV et Charles II (17 sept. 1678), Courtrai est rendu à l'Espagne pour quelques années.

A partir du 20 Décembre 1679, c'est dans cette ville que s'ouvrent des conférences entre les délégués des deux nations rivales " pour décider les arrangements territoriaux " prévus par le traité de 1678 [1]. Elles durèrent deux ans et plus [2].

En quel hôtel se tinrent-elles ? C'est ce que les documents ne permettent pas d'établir. Mais il paraît vraisemblable que ce soit à l'Hôtel de Ville, soit au château du gouverneur, étant donné leur caractère de négociations officielles.

L'un des commissaires français est le baron Michel Ange de Vuorden (1624 + 1699) né à Chièvres dans le Tournaisis, d'éducation et de sympathie françaises. Etudiant en droit de Douai, notre concitoyen en partie par de fréquents séjours à Lille, Vuorden est admirateur à l'excès de Louis XIV, dont il célébra les conquêtes dans une série d'inscriptions latines, publiées en 1684 à Lille sous le titre de Journal historique.

Déjà employé au service de sa nouvelle patrie au moment des démarches préliminaires de la paix de Nimègue, il a l'habitude de faire " claquer son fouet sur le dos et aux dépens des Espagnols [3] " qu'il déteste

---

(1) Pirenne. *Hist. de Belgique.* V, p. 31 et s.
(2) Jusqu'au printemps de 1682 Rousset, *Histoire de Louvois.* III, p 223.
(3) Lettre inédite de Vuorden à Godefroy, datée de Courtrai le 30 Mars 1677

C'est avec le même zèle de néophyte qu'il remplit sa mission actuelle. Une série de lettres inédites, datées de Courtrai, nous mettent au courant de ses faits et gestes [1]. Elles sont adressées à Denis Godefroy, l'éminent savant que Louis XIV avait préposé dès le 30 septembre 1668 à la direction des Archives de l'ancienne Chambre des Comptes de Lille. Godefroy est avec lui dans les meilleurs termes : ces Messieurs se communiquent par de fréquents courriers leurs idées et leurs impressions.

Les relations postales sont fréquentes et sûres.

C'est en règle générale le messager de Gand [2] qui, pour se rendre à Lille, passe par Courtrai et y relève la correspondance à destination française.

Mais quand la diligence postale se fait trop attendre nos amis s'envoient leurs lettres soit par leurs valets de chambre ou domestiques, dont l'un a le nom agréable de Lajeunesse [3], soit par un courrier de l'intendance.

Parfois aussi Mme de Vuorden en cours de voyage apporte à Lille les messages de son mari [4].

Vuorden est tout à fait décidé « à défendre cette conquête qui lui tient au cœur... ». « Je suis, écrit-il, préparé à soutenir le choc avec modestie d'un côté et avec vigueur de l'autre, selon la maxime que j'ai apprise de Monsieur le Maréchal [5] même : suaviter in modo, fortiter in re ». [6]

Le procureur du roi à la Conférence est M. Favier avocat au Conseil, qui à l'occasion va prendre le mot d'ordre à Versailles [7].

Vuorden est secondé par son ami Godefroy qui fouille à son intention le riche trésor des Archives lilloises, et par son frère le chanoine de Vuorden, du chapitre cathédralice de Tournai [8]. Car il s'agit de trouver les instruments diplomatiques sur lesquels le roi de France étaiera ses prétentions. A cet égard

---

(1) Ar. D. N. Int. de la Fl. W., C 99 — dossier gracieusement communiqué par notre éminent collègue M. Bruchet, archiviste départemental.

(2) " Reçue par le messager de Gand, le nommé Léon Los " note de Godefroy au dos d'une lettre du 31 mars 1680.

(3) Note de Godefroy au dos d'une missive de Vuorden datée de Courtrai le 16 Avril 1680. Lettre de V. à G., 3 Avril 1681.

(4) V. à G., 20 Août 1680.

(5) Le Maréchal d'Humières, gouverneur général de la Flandre, l'une des idoles de Vuorden.

(6) V. à G., 4 et 25 Janvier 1680.

(7) V. à G., 19 Juin 1680.

(8) Notre dossier contient plusieurs lettres de lui adressées aussi à Godefroy.

Godefroy rendra les services les plus précieux : il est l'un des premiers archivistes de son temps et un esprit de haute valeur.

En réalité le principal négociateur de la France, qui opére par dessus la tête de Vuorden, c'est Le Peletier de Souzy, l'intendant de la Flandre, esprit souple et avisé, très habile administrateur, rompu depuis longtemps aux affaires, protégé de Le Tellier, formé à l'école de Colbert et de Louvois.

C'est lui qui directement va prendre ou qui reçoit les instructions de la Cour.

En matière d'annexions autant Louis XIV est pressé en Alsace, autant il se défend d'aller vite en Flandre. La tactique est d'user l'Espagne peu à peu, tout en la harcelant sans cesse. Et en même temps il faut se garder d'éveiller les susceptibilités ombrageuses de la Hollande aux aguets.

Pour ce dessein de temporisation Vuorden est entre les mains de Versailles un instrument bien précieux. Il est l'homme des longs discours, des déclarations solennelles, des démonstrations pompeuses. Il excelle à jeter de la poudre aux yeux, à noyer les gens dans les flots de sa faconde pleine de verve, car c'est un Gascon des bords de l'Escaut, positif et plein de finesse.

Les commissaires espagnols sont au nombre de deux. Vuorden esquisse leur silhouette avec humour.

L'un, M. Vaês, conseiller au Conseil Souverain de Brabant [1], ancien intendant de la Franche Comté, est « un homme de cœur et de beaucoup de latin ; M. Favier l'admire et le trouve universel ». Et Vuorden d'ajouter pour son compte : « avec tout son savoir, il ne nous arrachera pas Chièvres ni tout autre intérêt du Roi ». « Il tonne, mais la foudre ne suit pas [2].

Un autre qui n'a pas le feu de M. Vaes, est M. Simon. Jadis président et intendant à St-Omer [3], il est conseiller de sa Majesté Catholique en son conseil privé à Bruxelles [4]. Appelé à d'autres fonctions en 1680, il est

---

(1) V. à G., Courtrai, 6 Avril 168?. Il avait pris part aux délibérations de la paix de Nimègue à Deinze où Vuorden s'était abouché avec lui.

(2) V. à G., Courtrai 4 Janvier 1680.

(3) Au temps de la domination espagnole d'antan. St. Omer est conquis par la France en Avril 1677 — G. à V, 6 Avril 1680.

(4) V. à G., 6 Avril et 27 Avril 1680.

remplacé par M. Christin « ci-devant ambassadeur plénipotentiaire au traité de Nimègue [1] ». Christin est un érudit très versé « dans la connaissance des généalogies des chartres et titres anciens [2] ». Charles II le créera en 1687 baron de Meerbeest, et il mourra en 1690 chancelier de Brabant.

L'antagoniste de M. Favier, le procureur de Charles II, est M. Malengrau, procureur général au Conseil de Mons. « Il forge des flèches pour nous combattre dit Vuorden [3] : mais je ne les crains guère ».

La tâche des commissaires est donc de tracer la limite des possessions françaises en Pays-Bas espagnol.

Louis XIV a la prétention d'annexer au royaume, bien que la cession n'en soit point mentionnée au traité de paix conclu à Nimègue, les chatellenies, villes, bourgs, villages, pays, métiers d'Alost, Grammont, Renaix, Ninove, Rudershove, Beveren, Assenede, Bouchant, Weert, Heert-Brugge, Opdorp, Moortseele, St-Amand, Bornhem, Flobecq et Lessines [4].

Leur besogne est ingrate.

La monarchie espagnole, bien dégénérée de sa splendeur, n'est guère en posture de lutter contre le brillant soleil de France. Le roi Charles II est loin du théâtre des affaires. Le gouverneur général des Pays-Bas Villa Hermosa est à la fin de son mandat. « Il n'a de refuge que dans une capitulation perpétuelle » [5]. Il en a assez, comme l'homme « qui fait son paquet » [6] et qui se dit : à quoi bon ?

Son successeur Alexandre Farnèse, deuxième fils du duc de Parme, n'est guère à la hauteur de la situation. Vuorden qui le connaît, trace son portrait comme suit « Il est de grande taille, d'un visage extraordinaire ; il était gras dès lors ; il a aujourd'hui une bedaine fort grosse, beaucoup de cœur, l'esprit médiocre. Il aime la bonne chère, est bon prince, mais (n'a) rien d'extraordinaire ».

---

(1) V . à G., 15 Septembre 1680.
(2) V . à G., 5 Décembre 1680.
(3) V . à G., 4 et 10 Janvier, 6 Avril 1680.
(4) Procès-Verbal entre les procureurs des deux rois devant les Commissaires de leurs Majestés députés à la Conférence de Courtrai.
Déclaration de M. Favier, procureur du roi de France, le 4 Août 1681.
B. Lille fonds Godefroy 9287.
(5) Pirenne Hist. de B. V, p. 35
(6) V . à G., Courtrai 27 Avril 1680.

Il met des mois à venir prendre possession de sa charge. Enfin en Octobre 1680, il s'embarque à la Corogne et par Ostende, Bruges, Gand, il arrive a Bruxelles, avec une suite de cent cinquante personnes. Il ne parle qu'espagnol et rudoie les gouverneurs [1]. Il fait force promesses à tous [2] : mais les tiendra-t-il ? A peine installé il a deux accès de goutte. « Bien loin de voir les profusions d'argent qu'il promettait, les troupes n'en ont pas encore vu l'échantillon ». Il a le tort de substituer des Espagnols aux gentilshommes des Pays Bas, tels que le prince de Vaudemont et M. de Rache, dans les hautes charges militaires [3] ». Tout est en trouble à l'intérieur. Les commissaires à Courtrai attendent vainement des instructions [4]. « En vérité Platon et Aristote auraient bien du mal de gouverner une république comme celle-là ! » [5]. D'ailleurs à mauvaises finances répond mauvaise politique [6]. Parme est un incapable qu'en Avril 1682 l'on relèvera de ses fonctions [7].

Un des gros litiges qui met aux prises les négociateurs c'est le titre de duc de Bourgogne que les rois d'Espagne n'avaient cessé de porter depuis un temps immémorial.

Louis XIV, en vrai casuiste de la politique, le revendique pour la couronne de France, afin d'avoir un prétexte coloré qui lui permettra d'annexer de nouveaux territoires à la fois en Flandre, en Franche-Comté, en même temps qu'au Luxembourg et en Alsace. Sur ce terrain l'on bataille ferme et Vuorden est d'une intransigeance absolue. Louvois et Le Pelletier l'exigent et Dénis Godefroy lui fournit des documents empruntés aux Archives lilloises [8].

La discussion s'amorce au printemps de 1680. Vuorden entend que les commissaires Espagnols n'avancent « que les titres des principautés qui leur appartiennent » [9]. Son frère, l'abbé de Vuorden, part à la recherche du

---

(1) V. à G., Courtrai, le 18 Octobre 1680.
(2) V. à G., 26 Octobre 1680.
(3) V. à G., 13 Novembre 1680.
(4) V. à G., 25 Mars 1681.
(5) V. à G., 26 Mars 1681.
(6) V. à G., 17 Mai 1680.
(7) Roussel. *Histoire de Louvois*. III, p. 236.
(8) V. à G., 3 Mars 1680 et 12 Mai 1680.
(9) Une note inscrite par Godefroy sur la lettre autographe de Vuorden précise sa pensée « et non plus du duché et comté de Bourgogne ».

texte des traités conclus par Charles-Quint en faveur des Pays-Bas avec l'Empire en 1542 et 1548 [1] pour y trouver des preuves; mais il revient les mains vides [2] Godefroy plus heureux trouve l'acte original de l'union du duché de Bourgogne à la Couronne de France [3].

Pendant ce temps Vuorden a rédigé « une déclaration » dont le ministre Colbert de Croissy approuve les termes [4]. Elle est notifiée aux commissaires d'Espagne. La volonté formelle du roi de France [5], la menace qu'il profère de rappeler ses négociateurs, son armée prête à avancer, ne sont-ce pas des arguments sans réplique ? Comment le faible pourrait-il résister à la raison du plus fort ?

Les commissaires d'Espagne hésitent, tâtonnent, font mine de s'en aller, et restent néammoins, à la requête des Etats de Hollande, jusqu'au 15 Août [6]. En fin de compte ils baissent pavillon et s'inclinent devant la nouvelle prétention : « M. Vaes, écrit Vuorden, a présenté aujourd'hui à M. l'Intendant et moi un pouvoir nouveau du roi son maître, dans lequel il n'est pas fait mention du duc de Bourgogne ». [7] Quel triomphe !

On est en Septembre 1680. La conférence a employé neuf mois pour régier cette question préliminaire ! La comédie a été très bien jouée !

Cependant entre Madrid et Versailles les relations se tendent visiblement. L'on s'achemine vers une issue violente. En décembre 1681 les troupes françaises de Sourdis font force dégâts dans la chatellenie de Courtrai [8] : ce qui cause une terreur inconcevable dans toute la Flandre [9]. En guise de riposte, la cavalerie espagnole se masse autour de Gand : c'est merveille que les fusils ne partent pas d'eux-mêmes !

En Mars 1682 la guerre paraît imminente, quand soudain un heureux coup de théâtre se produit, et la conférence se termine dans la paix. « M. Vaes et ses

---

(1) Il s'agit probablement du traité de Crépy (18 sept. 1544) conclu entre François Ier et Charles Quint. L'empereur y abdique toute prétention à la Bourgogne. Lavisse, V 2, p. 116.
(2) V. à G., 3 Mars 1680.
(3) V. à G., 12 Août 1680. Traité d'Arras (Déc 1482) ou de Cambrai (Août 1529) ?
(4) V. à G., 12 Mai et 17 Juillet 1680.
(5) V. à g, 9 Août 1680
(6) V. à G., 12 Juillet 1680
(7) V. à G., 15 Septembre 1680.
(8) Rousset, *Histoire de Louvois*, III, p. 218.
(9) V. à G., 9 Déc. 1681.

collègues peuvent boire à la santé du roi de France »
écrit Vuorden avec une douce ironie [1]. En effet
pendant que l'attention de l'Espagne s'est fixée sur ses
intérêts en Flandre, les Chambres de réunions d'Alsace
ont fonctionné à leur aise : Louis XIV s'est rattrapé là
sur les annexions qu'il ne fait pas ici. Sa politique a
été partout triomphante.

III

Les lettres de Vuorden les plus intéressantes sont
celles qui nous content les menus événements qui se
passent dans les coulisses de la conférence. Nous y
voyons figurer mainte physionomie piquante : il est
un portraitiste, selon la mode du XVIIe Siècle.

A tout seigneur tout honneur. D'abord M. de Vuorden
nous présente avec une sympathie manifeste le gouverneur de Courtrai : c'est le marquis de Wargny, de
la maison d'Anneux, sergent de bataille des armées de
Sa Majesté Catholique, comte de Bual, et vicomte de
Cambrai, etc. [2]

Lui et la marquise sont » des plus honnêtes personnes
de l'Europe » [3]. « Honnête » le mot revient souvent
sous sa plume, dans la plénitude de sens qu'il avait au
XVIIe Siècle.

Chez eux, ce ne sont que fêtes et réjouissances
« civilités, déférence, honnêteté, festins » [1].

Le marquis « homme très honnête et modéré en tout
ce qui regarde les affaires des rois » ne cesse d'honorer
les commissaires Vuorden et Favier. « Il faut se défendre
de sa chère et de ses manières obligeantes... La course
des festins est très rude » [5].

A tant de gracieuses attentions Vuorden répond par
des courtoisies égales, auxquelles se prête avec bonne
grâce son hôte M. de Rosendale [6].

C'est une émulation de gastronomie ! Les réceptions
succèdent aux réceptions. Ce n'est certes pas M. de

---

(1) Rousset, p. 223.
(2) Il était probablement le fils de Philippe d'Anneux, chevalier,
baron de Crèvecœur, premier pair du Cambraisis. châtelain héréditaire de Cambrai. etc. créé marquis par Philippe IV, le 26 Janvier
1651. Voir A.D.N. Registre des Chartes, B. 1677 f° 75.
(3) V. à G., 27 Janvier 1680 et 6 Avril 1680.
(4) V. à G , 28 Décembre 1679.
(5) V. à G , 4 Janvier 1680 — Voir C. 99, une lettre de Le Peletier
de Souzy à Godefroy, louangeuse à son sujet, 28 Avril 1680.
(6) V. à G., Courtrai le 25 Août 1680.

Talleyrand qui a inauguré la diplomatie de l'estomac !
il ne fait que suivre une tradition très ancienne.

La Noël de 1679 en voit le début, une soirée, le jour
des Innocents, où les jeunes gens viennent les uns
déguisés, les autres en costume de ville [1].

Mais cela va crescendo, et d'importance !

« Hier il y a eu un repas chez moi qu'on peut dire
beau et assez bon. Tout ce qu'il y a de personnes
éminentes ici y a été... On y a été content et tout s'y est
passé avec dignité et satisfaction... » [2] Ces litotes valent
des hyperboles.

L'honneur du Roi, que Vuorden représente, n'est-il
pas en jeu ? « Je n'ai pas voulu, écrit-il, que la Com-
mission du Roi ne fit pas quelque chose de plus grand
que ce qui a paru jusqu'ici. J'ai eu donc avant-hier au
soir à souper quatre-vingt personnes. Il n'y a eu que
vingt-six dames à table; les cavaliers les ont servies,
ensuite ont soupé debout, mais fort gaiement et fort
plantureusement. Je leur ai donné du vin vieux que les
anges seraient aises de boire. Cela s'est bien passé ».

Suit un bal dont les étoiles sont Mme de Vuorden, qui
a été mandée pour la circonstance, « pour renforcer les
belles compagnies de Courtrai » [3] Mme et Mlle de Carnoy
« qui a effacé toutes les danseuses d'ici » [4].

Dîners et soirées s'échelonnent avec régularité jusqu'à
la fin des conférences [5].

A l'occasion de ces pourparlers les hôtes de distinction
affluent à Courtrai. Sans parler de Le Peletier de
Souzy [6], l'on voit paraître Denis Godefroy, que Vaes
et Simon estiment pour son savoir et dont ils sont ravis
de faire la connaissance : Vuorden l'envoie chercher à
Lille dans son carrosse à quatre chevaux [7]; le prince
de Bournonville [8], le comte d'Ursel [9], le marquis de

---

(1) V. à G., 10 Janvier 1680.
(2) V. à G., 30 Déc. 1680 « une embuscade de gourdinette ».
(3) V. à G., Courtrai, 2 Janvier 1680.
(4) V. à G., Courtrai, 3 Mars 1680
Michel de Lannoy, seigneur de Carnoy, résidant à Lille avait été
ennobli le 16 Avril 1656 Sa femme était Marguerite de Croix. V. de
Ternas *Noblesse etc*, p. 279 et 339. Les dames que mentionne
Vuorden, sont apparamment sa bru et sa petite-fille.
(5) Lettres du 9 Mars, 11 et 20 Avril 1680, etc.
(6) V. à G., 16 Janvier, 1 Février, 31 Mars, 1 Juillet 1680, etc.
(7) V. à G., 25 Janvier. 17. 18. 20 Avril 1680
(8) V. à G., 27 Avril 1680
(9) V. à G., 6 Octobre 1680.

Lannoy [1], M. Le Comte, un habile financier lillois
qui seconde utilement l'intendant de Flandre [2].

Parmi les dames, Vuorden signale la comtesse
d'Ursel [3], Mme et Mlle de Carnoy [4], deux Lilloises de
bon ton déjà mentionnées ci-dessus. Mais celle qui
éclipse toutes les autres est la princesse d'Épinoy. Née
Jeanne Pélagie de Rohan-Chabot elle avait épousé en
secondes noces [5] en 1668, à l'âge de 17 ans, le prince
Alexandre Guillaume de Melun d'Épinoy, marquis de
Roubaix, connétable héréditaire de Flandre et de
Hainaut, l'un des gentilshommes les plus considérables
de notre pays. Elle fut veuve en 1679, à vingt-neuf ans.

Elle n'avait pas le prestige de la beauté. Saint Simon
qui pourtant la ménage, la dit « fort laide », bien
qu'elle fût sœur d' « une déesse » Mme de Soubise, et
d' « une nymphe » Mme de Coetquen [6].

Est-il besoin d'ajouter qu'elle avait quelques-uns des
petits travers de son rang, l'arrogance et la manie de
plaider ? Pendant des années elle fut en bisbille avec
l'évêque de Tournai Gilbert de Choiseul [7]. En dépit de
la liturgie et du droit canon n'avait-elle pas prétendu
tendre de noir pendant un an, à la mort de son mari,
les églises de Roubaix et de Carvin qui à certains égards
relevaient d'elle ?

Toutefois elle avait des charmes auxquels ne fut pas
insensible M. l'Intendant Le Peletier. Il lui rendit des
services pécuniaires et autres [8]. Sous le patronage de
Louvois il l'introduisit à la Cour de Versailles où elle
eut un tabouret, fut invitée à la plupart des parties fines,
et où elle se distingua bientôt en jouant gros jeu et
s'endettant à plaisir au lansquenet. Lorsqu'en 1691
Le Peletier perdit sa femme il épousa la princesse par
un mariage non déclaré qui fut le secret de Polichinelle [9].

A quelle influence Mme d'Épinoy obéit-elle en visitant
Courtrai en Février 1680 ? C'est ce que nous ignorons.
Mais il est permis de voir la main de M. l'Intendant et

---

(1) V. à G., 12 Déc. 1680.
(2) V. à G., 24 Mars 1680. V. Croquez, *La Flandre Wallonne*, p. 316 et 89.
(3) V. à G., 12 Déc. 1680.
(4) V. à G., 3 Mars et 6 Oct. 1680.
(5) Croquez. l. c., p. 60 — 1.
(6) Saint Simon, V, p. 331 — 40.
(7) Desmons. *Vie de G. de Choiseul*, p. 146.
(8) Dans un billet non daté, mais qui est de fin 1680 ou début 1681, Le Peletier prie Godefroy de vouloir bien faire travailler à la copie de l'inventaire de la maison d'Épinoy; C. 99.
(9) Saint Simon, ib.

de M. de Vuorden dans la magnifique réception qui lui fut faite [1], et qui fit diversion à son deuil.

« Vous avez su [2] l'honnêteté, le respect, la magnificence et la bonne chère avec laquelle on a reçu Mme la princesse d'Épinoy. On a battu la caisse, on a tiré tout le canon qu'il y a ici, on l'a saluée du drapeau, enfin on lui a fait tous les honneurs imaginables. M. le Marquis de Wargny est allé à sa rencontre avec la noblesse et les officiers de la garnison. Les dames en ont fait de même, et ce même cortège l'a reconduite jusqu'à Wevelghem à sa sortie. Mme l'intendante a pris sa bonne part à tous ces honneurs par l'estime et la considération que l'on a de M. l'intendant (qui) lui en a procuré beaucoup. Mme la princesse d'Épinoy a répondu à tout cela par les manières du monde les plus honnêtes et les plus engageantes, même par des libéralités extraordinaires envers les soldats de la garde et les canonniers de la garnison. M.M. les commissaires d'Espagne ne lui ont pas fait moins leur cour que les autres. Enfin cela s'est passé le mieux du monde de part et d'autre ».

IV

Tandis que la vie mondaine menait si bon train à Courtrai, les Flandres, le Brabant et le Hainaut traversaient une bien pénible période. L'Espagnol avait la main lourde et parfois cruelle. Témoin cet entrefilet de Vuorden :

« Le gouverneur de Messines, Espagnol naturel, écrit à un de ses amis qu'il souhaite passionnément que M. de Louvigny le vienne relever, par la raison qu'il est las de faire pendre, rouer, écarteler les Messinois, gens indomptables et incorrigibles, à ce qu'il dit, et qu'il sera fort aise qu'il vienne le relayer dans cet exercice » [3].

Le pays était en proie à une agitation perpétuelle. Toujours sur le qui-vive les populations redoutaient avec raison une reprise de la guerre qui s'était terminée par une cote mal taillée au traité de Nimègue. Les mouvements perpétuels de troupes, tant du côté espagnol que du côté français, entretenaient ces craintes et les légitimaient. Le machiavélisme du roi de France était

(1) V. à G , 4 Février 1680.
(2) V. à G., 4 Février 1680.
(3) V. à G.. 4 Février 1680.

de nature à alarmer les sentiments d'indépendance nationale qui se fussent affirmés avec une redoutable énergie, si les Pays Bas espagnols avaient eu le gouvernement viril et actif qu'ils réclamaient.

Vuorden n'aperçoit pas les causes profondes du malaise qu'il note dans ses lettres [1]. Mais il en constate les effets.

La sentence latine « Quidquid delirant reges, plectuntur Achivi » est toujours vraie. Dans l'insécurité du lendemain, comment l'industrie, le commerce, l'agriculture pouvaient-ils prospérer ? Les gens de la campagne souffraient des déprédations des hommes de guerre. Ceux des villes avaient un sort qui n'était guère plus enviable. Le contact direct du peuple avec la soldatesque des garnisons produisait son effet coutumier. Le régiment de St-Jean cantonné à Courtrai comptait 500 hommes, dit Vuorden. Et il ajoute « autant de femmes pour le moins et des enfants à proportion » [2]. Le monde militaire n'était pas très exact à payer ses dettes. « Les Espagnols que vous avez vus ici, sont allés à Gand en bateau avant-hier. Ils ont laissé plus de 1.200 écus à payer : dont les bourgeois murmurent extrêmement et qui leur fait regretter l'ordre et la discipline française» [3]. La solde étant de deux patars pour les fantassins, de trois patars pour les cavaliers, la troupe se rattrapait fatalement en grugeant les citadins.

La manie du duel ne cessait de sévir et de décimer les officiers supérieurs qui tous ou presque tous appartenaient à la haute noblesse. Vuorden en conte un qui est vraiment atroce [4]. « Il y a huit jours le comte Claude Tilly et le baron de Berlo, le premier major du régiment de cavalerie de Montpouillan, l'autre colonel de dragons au service d'Hollande se sont battus en chambre close, le pistolet à la main, à Hasselt ; par une fureur et même une rage extraordinaire, le second a été tué raide ; le comte Tilly à quatre balles dans le corps : on croit qu'il en reviendra ».

La chose n'était peut-être pas rare car Vuorden la rapporte sur un ton dégagé et sans émoi apparent.

En France surgissent les premiers gros nuages qui obscurcissent l'horizon jusque là si riant du règne de Louis XIV. L'affaire scandaleuse des poisons inquiète

<hr>

[1] V. à G., 15 Février, 18 Mai, 8 Mars 1680, etc.
[2] V. à G., 7 Avril 1681.
[3] Ibid.
[4] V. à G., 25 Janvier 1680.

l'opinion de Paris et de la province, compromet l'élite de notre aristocratie, soulève des flots de boue qui jaillissent sur les degrés du trône lui-même.

Il y aurait de quoi chagriner les plus patriotes ! Mais l'optimisme de Vuorden est incorrigible. Durant les loisirs forcés que lui procurent les délais sans fin de la Conférence, il s'applique sans relâche à son grand œuvre, le recueil d'épigraphes latines dans lesquelles il conte en style solennel et lapidaire les prouesses militaires du Roi-Soleil, et qu'il décore de ce titre pompeux « *La Galerie des Conquêtes et des Victoires du Roi...* grandes actions que Sa Majesté a faites en personne» [1]. Par les mains de Dangeau ces inscriptions seront mises sous les yeux du monarque qu'elles ne manqueront pas de flatter : quelle récompense pour le courtisan qui sur toutes choses vénère « Dieu et le Roi son bon lieutenant ».

Il nous manque par malheur les lettres de Vuorden pour les années 1682 et 1683.

Courtrai retomba entre les mains françaises, le 3 Novembre 1683, sans presque offrir de résistance. Son sort semblable à celui de Dixmude et autres villes de Flandre fournit un prétexte de plus aux ennemis de Louis XIV pour conclure contre lui la ligue d'Augsbourg et déchaîner de nouvelle calamités sur l'Europe.

C. LOOTEN.

---

(1) V. à G., 12, 17, 23 Mai 16 0.
(2) V. à G , 1er Juillet 1680.

TABLE

Imprimerie L. DUYTSCHAEVER
211, rue des Postes, 211, Lille

Le Gérant : René GIARD.